Kunstflüge

Die Mucklas veranstalten einen Wettbewerb, wer die tollsten **Kunststücke fliegen** kann. Welcher Muckla fliegt für dich am besten? Zeichne die Flüge nach.

AF204594

Petterssons Zaun

Der Zaun muss dringend **neu gestrichen** werden.
Hilfst du Pettersson? Zeichne die schwarzen Linien ein
und male die Zaunbretter danach an.

Luftballons für Findus

Findus hat zum Geburtstag viele tolle **Luftballons** von Pettersson bekommen. Zeichne die gepunkteten Linien nach und male die Ballons bunt an.

Aus der Reihe getanzt

In jeder **Reihe** passt ein Bild nicht zu den anderen.
Kreise es ein.

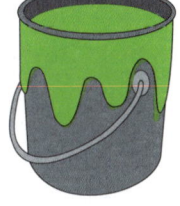  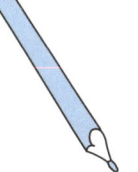 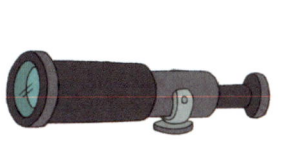

Der Buchstabe A

Selbstlaut

Das **A** ist der erste Buchstabe im Alphabet.
Schreibe es nach.

A A

a a

A a

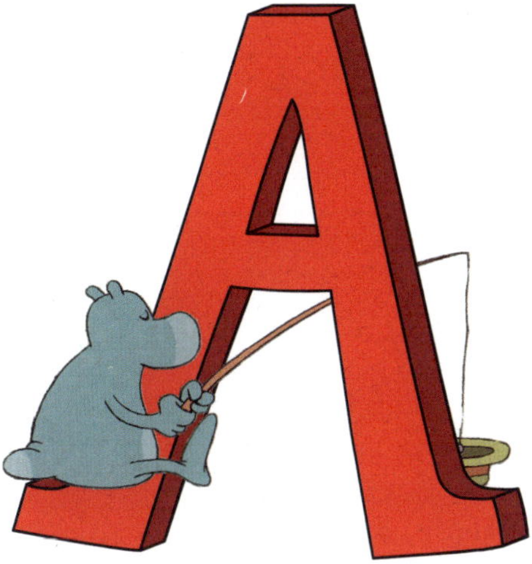

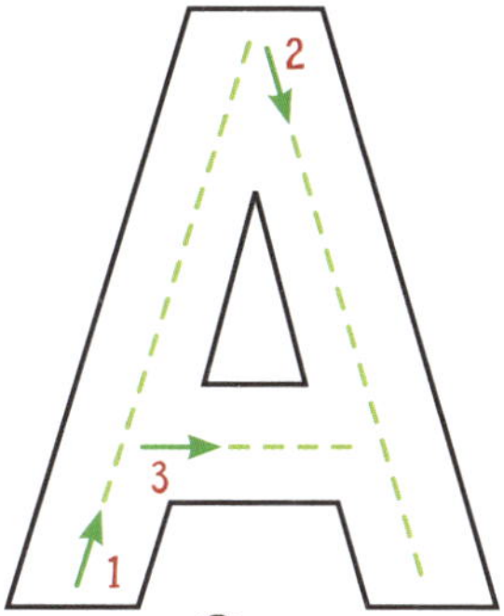

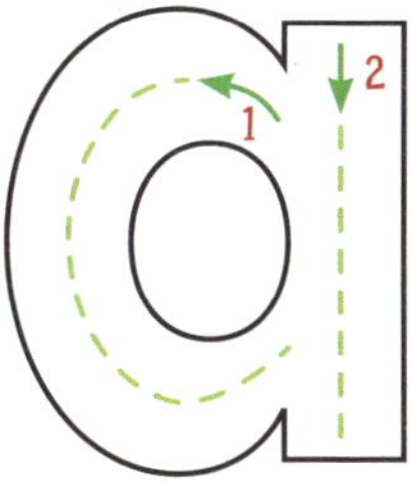

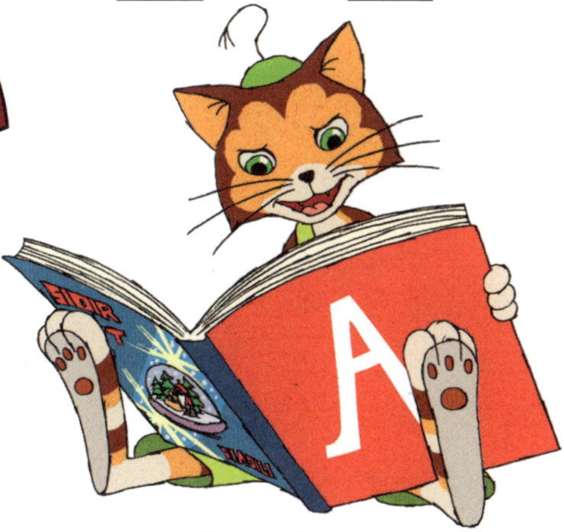

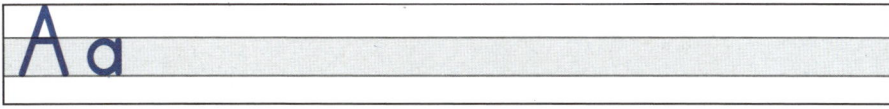

Wirklich alles gleich?

In jedem Kasten tanzt ein **Bild** aus der Reihe.
Welches? Kreise es ein.

Ein **Vokal** ist ein Laut, bei dem die Luft ohne Hindernis aus dem Mund rauskann. Ein Vokal wird mit geöffnetem Mund gesprochen und klingt von allein, also ohne andere Buchstaben, deshalb heißt er auch **Selbstlaut**.

A O U I E

Als Tipp zum Merken:
Du kannst alle Vokale schreien – das geht mit den anderen Buchstaben nicht (versuche mal, ein R oder ein K laut zu rufen…).

A E I O U

A wie Anfang

Welche Dinge auf diesem Blatt beginnen mit A?
Verbinde sie mit dem großen **A** in der Mitte.

Der Buchstabe B

Blumen, Bären und Bananen – Findus mag den Buchstaben **B**. Hier kannst du das große und das kleine B schreiben.

B B

b b

B b

Buchstabensalat

In diesem Bild haben die Mucklas ein paar große und kleine **B** versteckt. Male sie an.

Petterssons Knöpfe

Pettersson hat alte **Knöpfe** in seiner Werkstatt gefunden.
Male alle Knöpfe mit B und b passend zum Pullover grün an,
alle mit P und p blau für den blauen Pullover.

So viel Obst

Welcher **Anfangsbuchstabe** passt?
Schreibe ihn neben die Obstsorten.

 ☐ RDBEERE

 ☐ IRNE

 ☐ PFEL

 ☐ ANANE

 ☐ FLAUME

Wintersport

Hui, das sieht nach Spaß aus! Ziehe die **gepunkteten Linien** nach und du siehst, was Findus hier gerade macht.

Der Buchstabe C

Hier schreibst du den Buchstaben **C**.
Das kleine C sieht fast genauso aus wie das große – es ist nur ein bisschen kleiner und runder.

C C

c c

C c

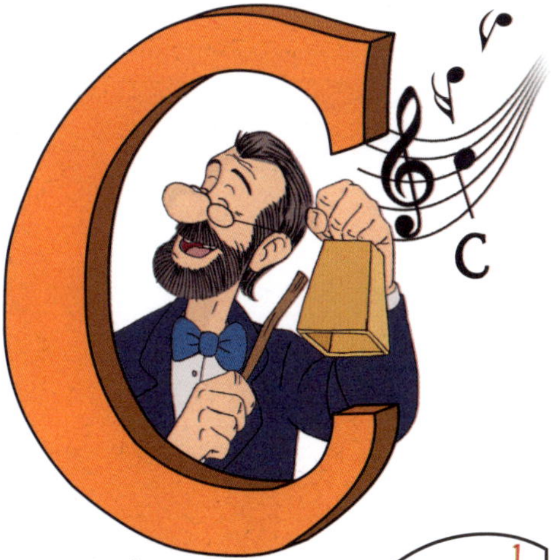

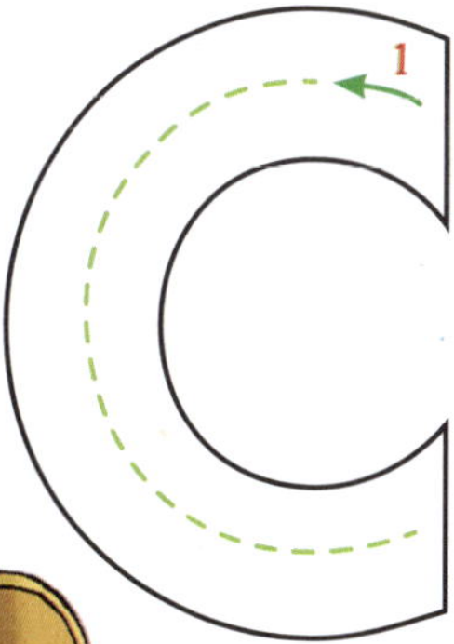

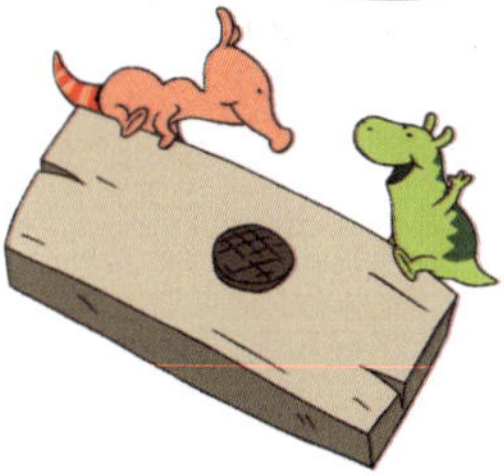

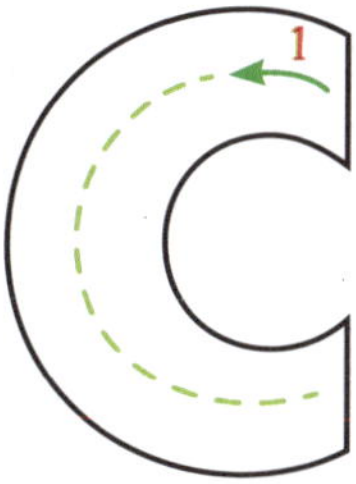

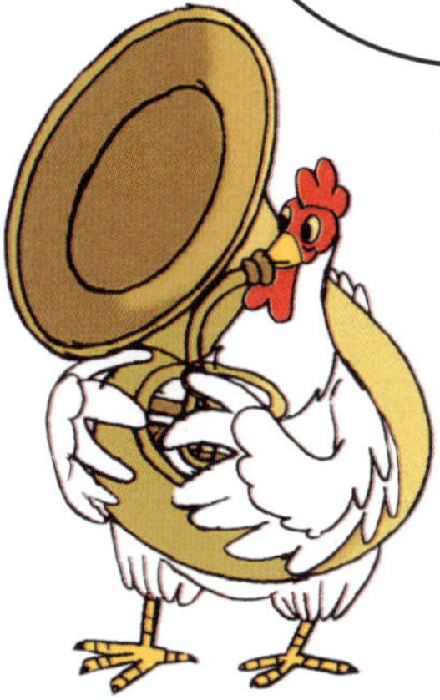

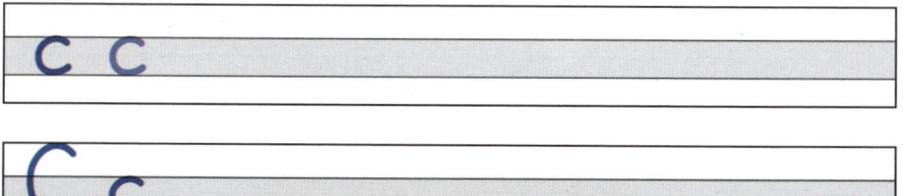

An der Angel

Pettersson und Findus angeln.
Aber haben sie wirklich einen Fisch am Haken?
Verfolge den Weg der **Schnur**.

Wortsalat

Die Mucklas haben sich verrückte **Quatschwörter** ausgedacht. Setze die Wörter unter den Bildern richtig zusammen und verbinde sie.

BLUMEN-TUCH

ERDBEER-HOSE

TASCHEN-SALAT

SCHNECKEN-TOPF

  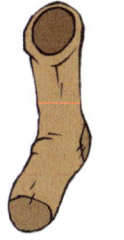 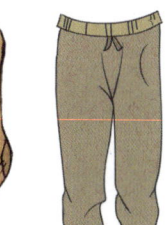

WURST-BILD

STRUMPF-TORTE

STERN-BALL

FEDER-HAUS

Der Buchstabe D

Übe das große und das kleine **D** und schreibe die Buchstaben nach.

D D

d d

D d

Verstecktes D

In diesen Wörtern hat sich der Buchstabe D versteckt.
Schreibe ihn auf. **Ein Tipp:** Nur am Wortanfang
benutzt du das große D, in der Mitte und am Ende des
Wortes werden die Buchstaben kleingeschrieben.

□rachen

□eckel

Pfer□

Fin□us

Hun□

Petterssons Garten

Pettersson erntet **Gemüse** in seinem Garten.
Aber welche Gemüsesorten findet er?
Male die richtigen an.

Kleine Reime

Welche Wörter **reimen** sich? Verbinde.

Der Buchstabe E

Schreibe das große und das kleine **E**.

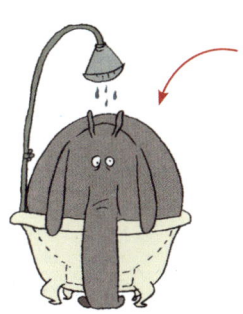

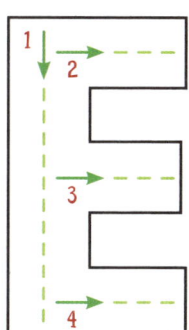

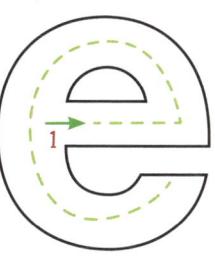

E E

e e

E e

Kaffeeklatsch

Wohin will das Huhn Prillan?
Folge den Eiern mit **E** und finde es heraus.

Der Einkaufszettel

Pettersson möchte für Findus zum Geburtstag die Pfannkuchentorte backen und hat einen **Einkaufszettel** geschrieben. Welche Zutaten benötigt er? Ergänze die fehlenden Buchstaben.

M_HL

BUTT_R

ZUCK_R

_I_R (aus dem Stall holen)

SALZ

_RDB__R_N

HIMB__R_N

SAHN_

Sieh dir die beiden Bilder genau an.
Findest du die **fünf Unterschiede?** Kreise sie ein.

Wirklich alles gleich?

Der Buchstabe F

Findus fängt mit **F** an! Übe das große und das kleine F.
Kannst du schon Findus schreiben?

Suche mit F

Male alle Felder, in denen du ein **F** siehst,
mit der gleichen Farbe aus.

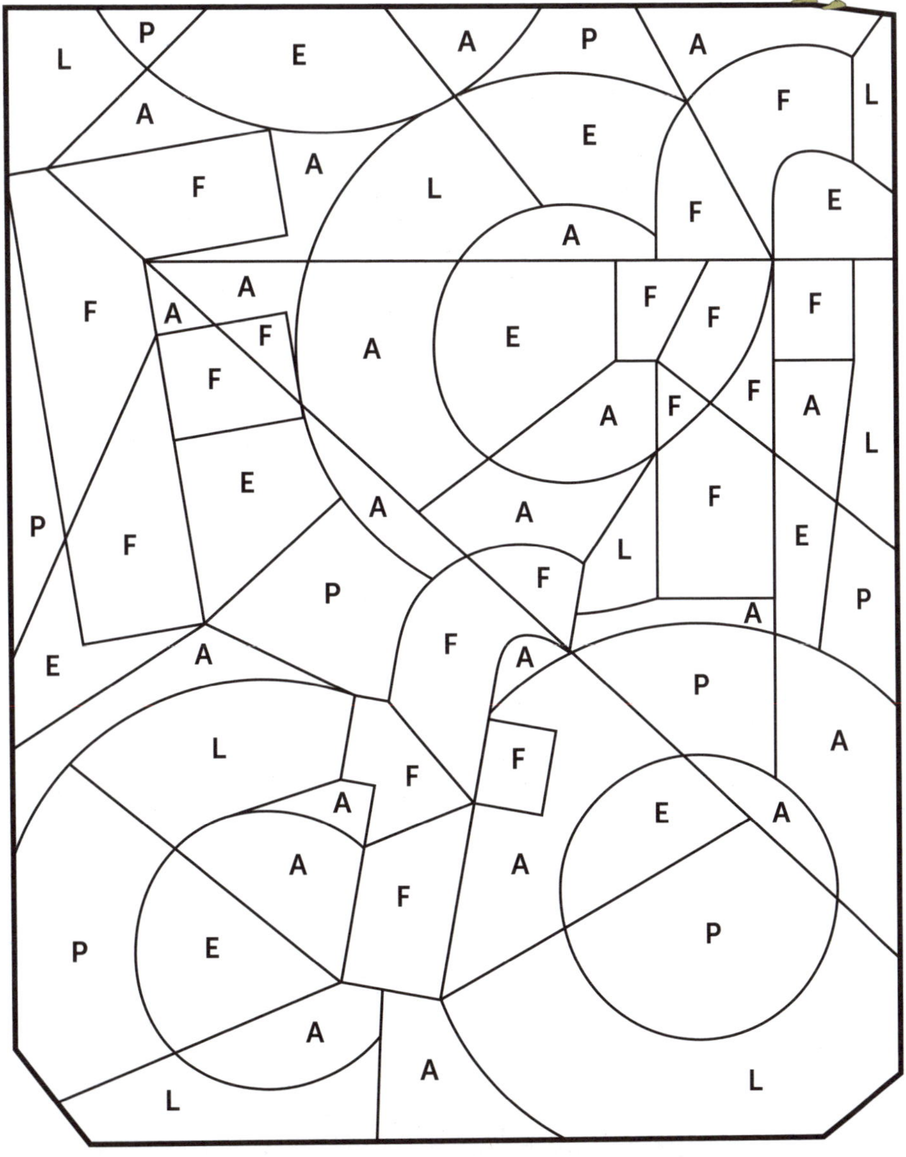

Der richtige Anfang

Welcher **Anfangsbuchstabe** passt zum jeweiligen Bild?
Kreise ihn ein.

P B S   U T P   H R O

G N W   A V F   L P Q

M V J   I K G   D C K

Viele schuppige Fische

Findus liebt den See mit seinen vielen Fischen.
Aber welcher Fisch hat die schönsten **Schuppen**?
Zeichne sie in vielen verschiedenen Farben ein.

Der Buchstabe G

Gustavsson freut sich:
Endlich ist das **G** an der Reihe.
Übe, es zu schreiben.

Gustavssons Labyrinth

Gustavsson sucht seinen Hund im großen G.
Welchen **Weg** muss er nehmen?
Sammle die richtigen Buchstaben ein und schreibe sie
unten auf die Seite. Wie heißt der Hund?

P O U G H T R S A

Frau Anderssons Gitterrätsel

Was siehst du hier? Schreibe die richtigen Buchstaben in die Gitter. Die nummerierten **Buchstaben** ergeben ein Lösungswort. Schreibe es in die Felder unten auf der Seite.

Lösungswort:

| 1 | 2 | 3 | 4 | 5 |

Der Buchstabe H

Hier siehst du das große und das kleine **H**.
Schreibe sie einige Male nach.

Mucklas auf Stühlen

Die Mucklas haben alle **Stühle** in Petterssons Haus besetzt. Spure die gepunkteten Linien nach und achte darauf, den Stift unten am hinteren »Stuhlbein« nicht abzusetzen.

Im Wind

Verbinde die Punkte von **A bis Z** in der richtigen
Reihenfolge. Was siehst du?
Schreibe den Namen unten auf die Seite.

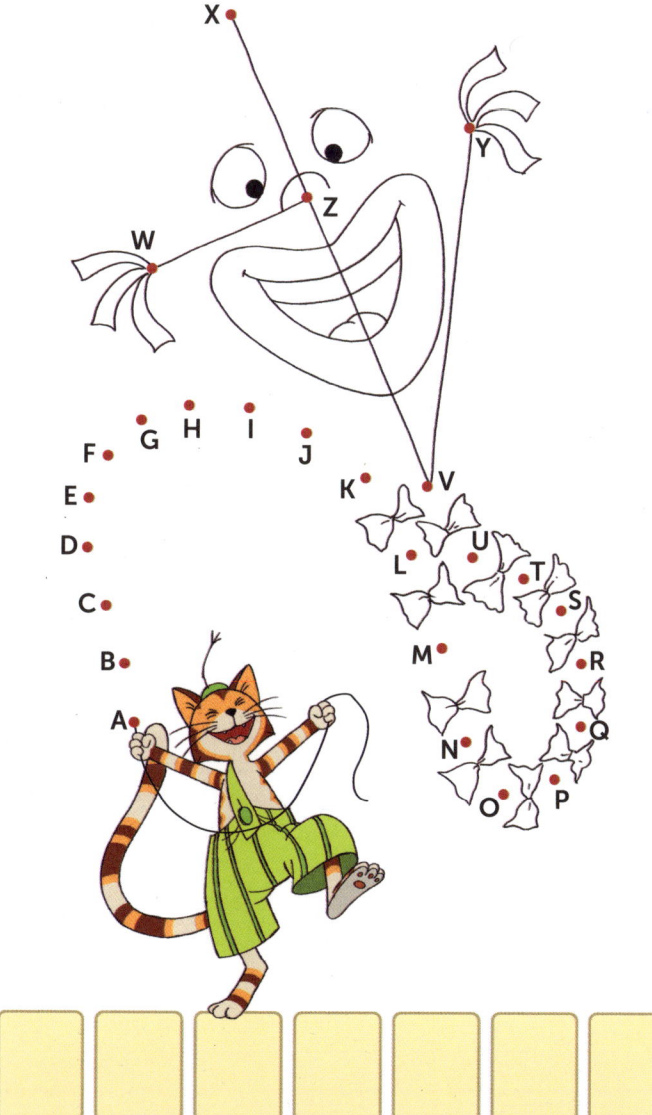

Findus' Geheimsprache

Schreibe den **Anfangsbuchstaben** von jedem Bild in das Kästchen darunter – kannst du den Satz lesen, der entsteht?

Der Buchstabe I

Selbst-laut

Hier siehst du das große und das kleine **I**.
Schreibe die Buchstaben.

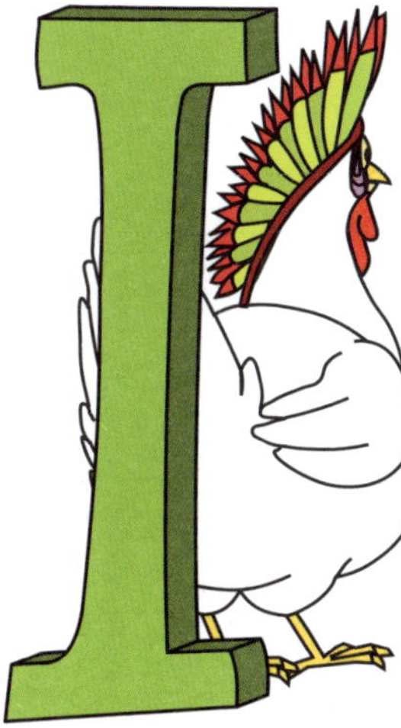

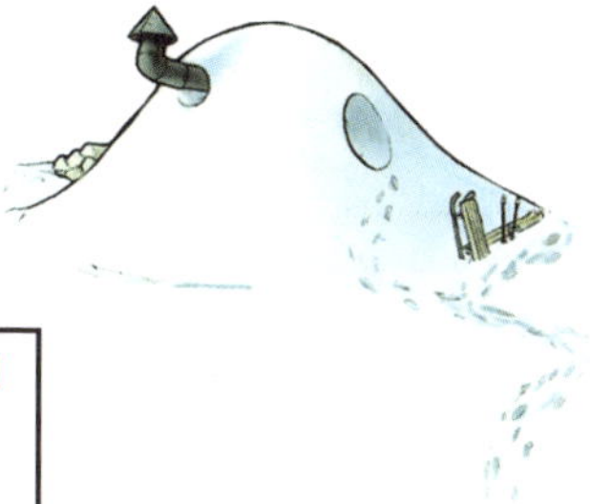

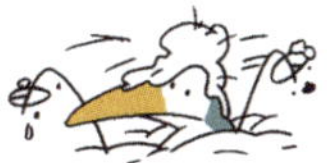

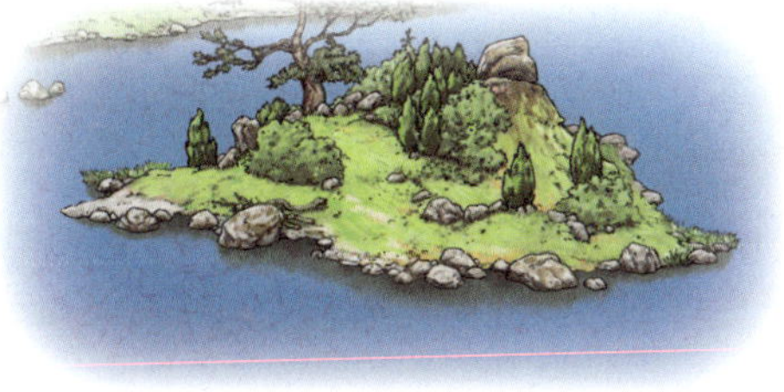

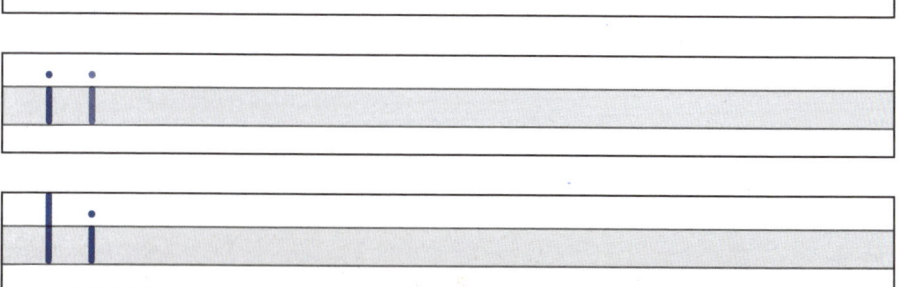

I	I
i	i
I	i

Finde das I

Kreise alle großen und kleinen **I** ein, die du siehst.

A y K i v O I t q

L I m g H Y P ü i

Q P h j L I w Z s

M a S I P u y K r

v e R T i q i L A

s G J o p z Q K f

F r E I j W P L c

P g H u k i Z e d

Ein Ei, zwei Eier...

Das **E** und das **I** kommen oft zusammen in Wörtern vor.
Schreibe die beiden Buchstaben zusammen.

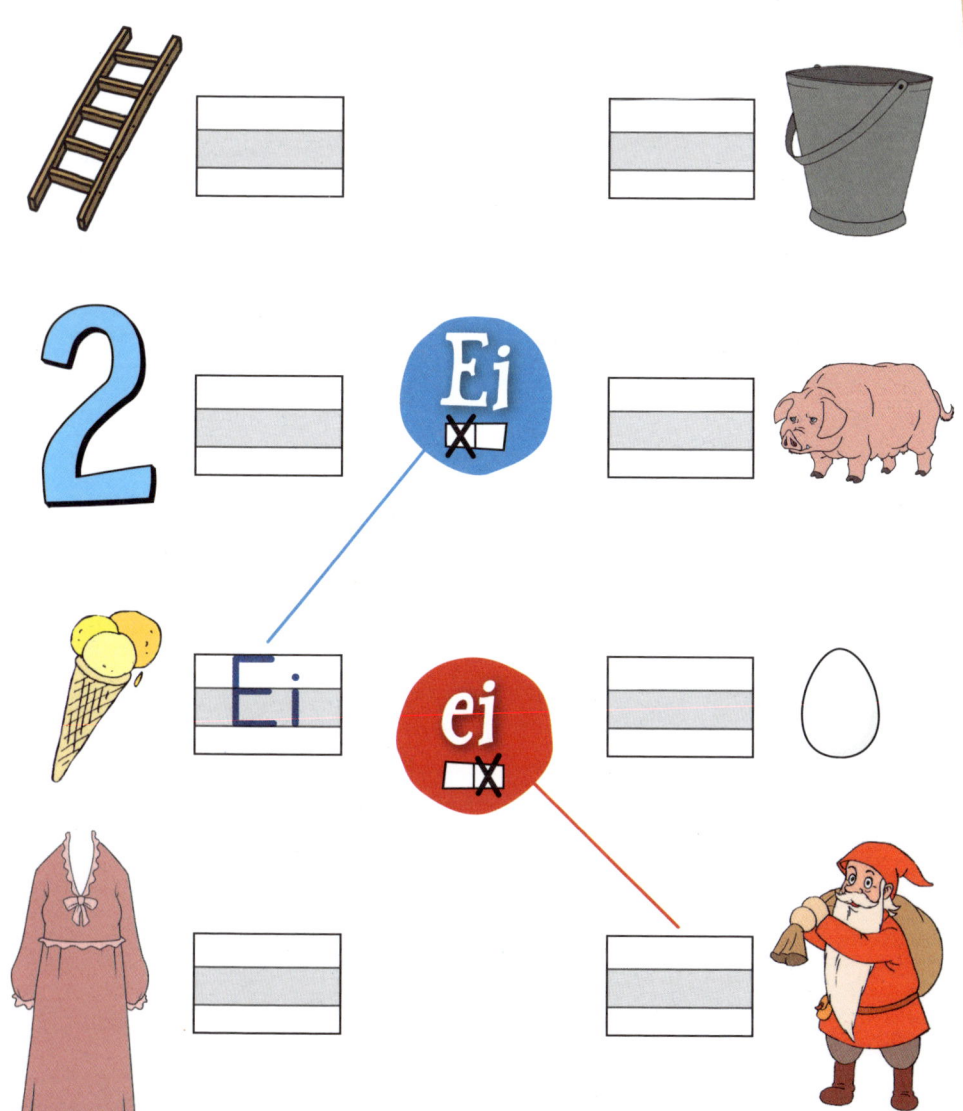

Buchstaben-Malerei

Huch, Pettersson sieht ganz blass aus!
Male das Bild bunt an. Die Buchstaben zeigen dir,
mit welchen **Farben**.

Der Buchstabe J

Jacke, Jo-Jo und Juchhe – Pettersson findet das **J** toll.
Schreibe mit ihm den großen und den kleinen Buchstaben.

Silben klatschen

Sage die Dinge, die du hier siehst, laut und langsam und **klatsche** dabei im Takt. Wie viele Silben haben die Wörter? Verbinde die Bilder mit der richtigen Silbenzahl.

Silben schwingen

Sprich die Sachen, die du unten siehst,
langsam und deutlich aus. Wie viele Silben hörst du?
Schwinge für jede Silbe einen Bogen.

Der Buchstabe K

Kater fängt mit **K** an! Übe, es zu schreiben.

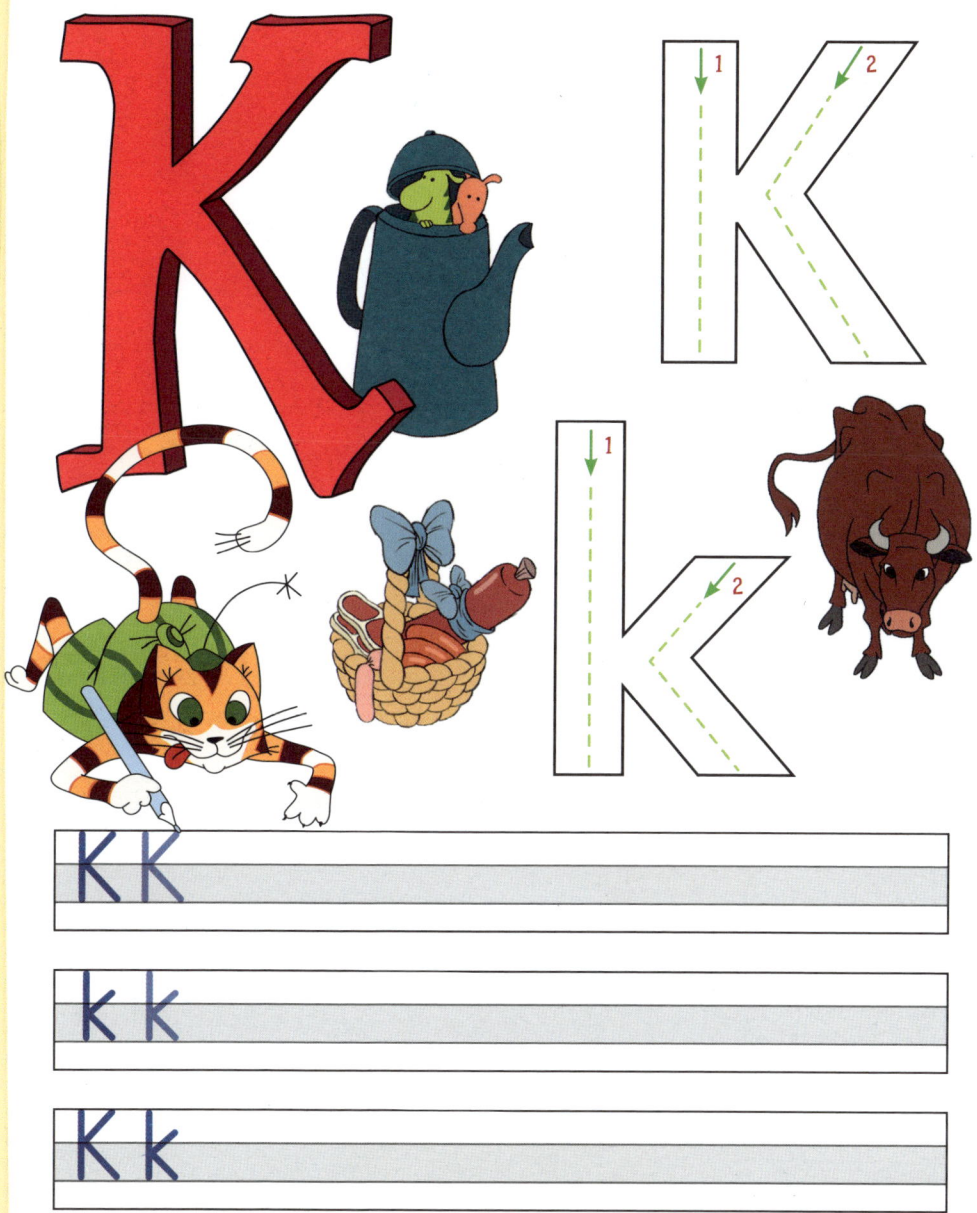

Ba, Be, Bi?

Lies die **Wortanfänge** ganz genau.
Was ist richtig? Kreuze an.

☐ Ba	☐ Ar
☐ Be	☐ Ap
☐ Bi	☐ Am

☐ Bu	☐ Bli
☐ Bo	☐ Blo
☐ Ba	☐ Blu

☐ Fu	☐ Kä
☐ Fa	☐ Ki
☐ Fi	☐ Kö

☐ Eti	☐ So
☐ Ele	☐ Sa
☐ Ene	☐ Si

☐ Kö	☐ Vo
☐ Kä	☐ Va
☐ Kü	☐ Ve

Was **hörst** du? Kreuze an.

T D   T D   T D   T D

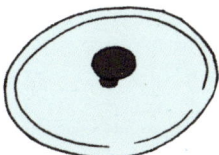

T D   T D   T D   T D

T D   t d   T D   T D

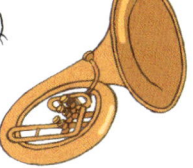

t d   T D   t d   T D

Der Buchstabe L

Schreibe das kleine und das große L.
Findest du zwei kleine L in Prillan?

Prillan

Anlauträtsel

Schreibe die **Anfangsbuchstaben** in die Kästchen unter den Abbildungen und lies das Wort. Male das Bild danach an.

Das Hühnerrennen

Heute machen Prillan und die anderen Hühner ein
Wettrennen, wer zuerst bei Kaffee und Kuchen ist.
Welches Huhn belegt den 1. Platz?

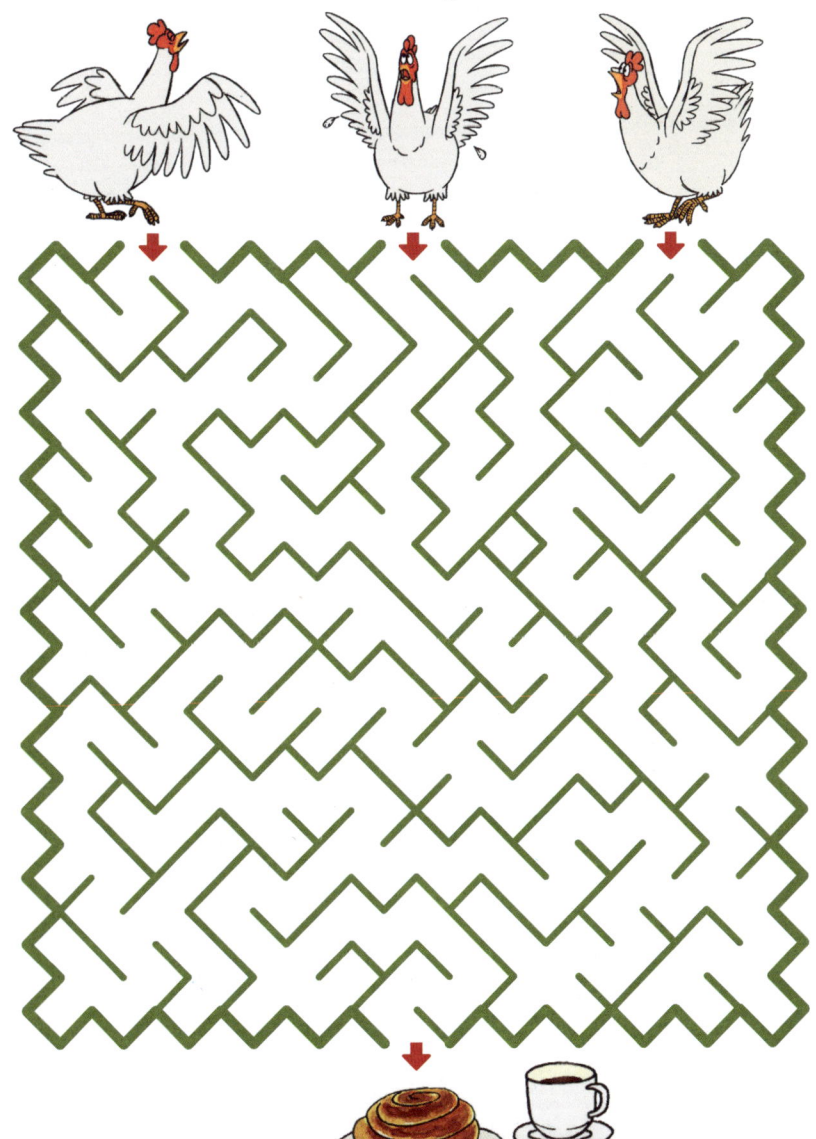

Der Buchstabe M

»Mmmmmmm!« Wenn Findus Pettersson sagen will, wie unglaublich lecker die Pfannkuchentorte ist, braucht er ganz viele **M**!

MM

m m

Mm

Petterssons Teppich

Die Mucklas haben Fäden aus Petterssons Flickenteppich gezogen. Setze die **Muster** mit bunten Stiften fort, damit der Teppich wieder schön farbenfroh ist.

Der Buchstabe N

Hier kannst du den Buchstaben **N** üben.

Name:
FINDUS

Findus' Sudoku

Findus hat sich ein **Sudoku mit vier Buchstaben** überlegt. Sie dürfen in jeder Zeile, in jeder Spalte und in jedem der vier Teile nur einmal vorkommen. Schreibe die fehlenden Buchstaben in die richtigen Felder.

Umlaute – Ä, Ö, Ü

Umlaute sind die Buchstaben mit den Pünktchen obendrauf. Hier kannst du sie schreiben – groß für den Wortanfang und klein, wenn sie in Wörtern vorkommen.

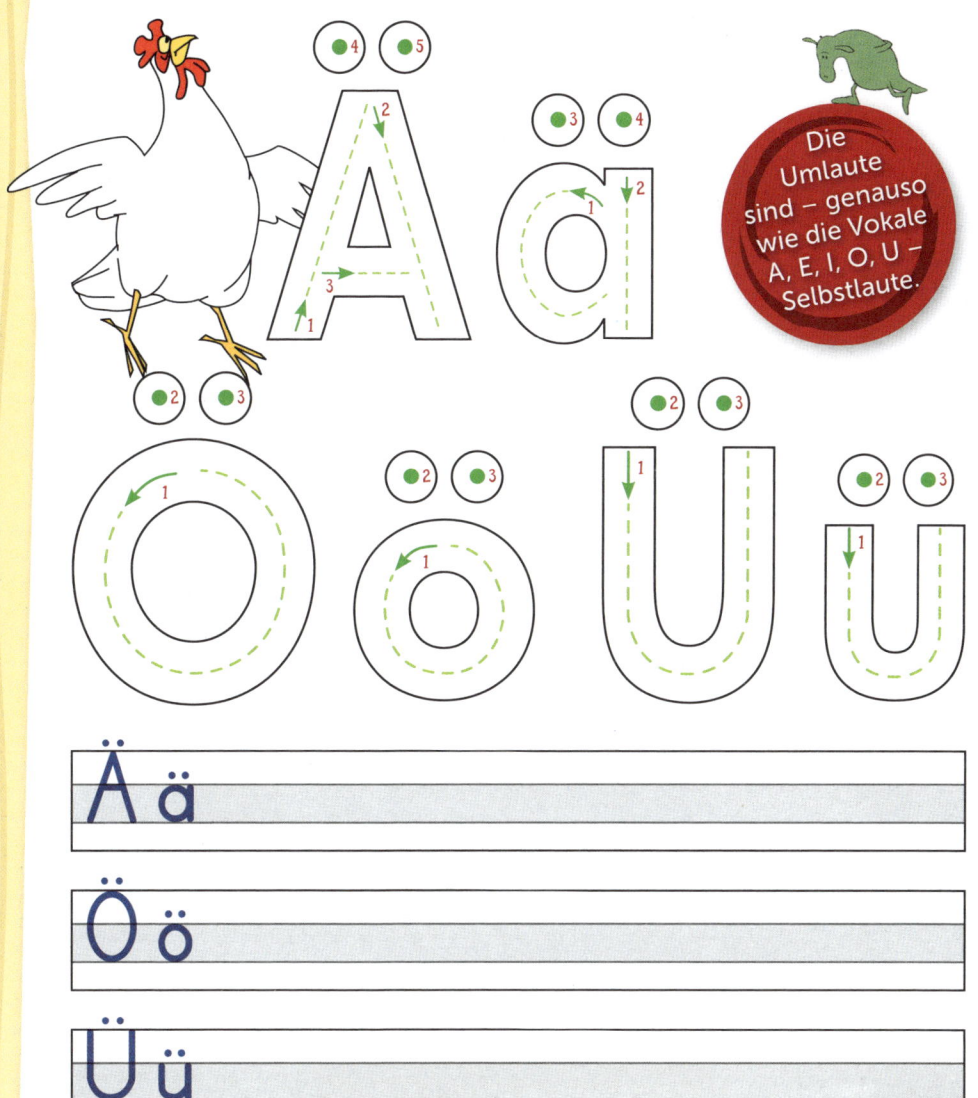

Die Umlaute sind – genauso wie die Vokale A, E, I, O, U – Selbstlaute.

Ä ä

Ö ö

Ü ü

Ä, Ö oder Ü?

Hier fehlen die Buchstaben **Ä**, **Ö** oder **Ü** in einigen Wörtern.
Schreibe den richtigen Umlaut in das Feld.

 BL ☐ TE

 ÖL

 K ☐ FER

☐ L

 M ☐ HRE

H ☐ HNER

 K ☐ SE

 SCH ☐ SSEL

Wortgitter

In der Zeitung ist ein **Wortgitter**, in dem sich viele Wörter mit Umlauten versteckt haben. Hilfst du Pettersson beim Lösen? Kringele die Wörter ein.

L	Ö	F	F	E	L	P	Ö	K
Ö	H	H	E	F	K	Ä	S	E
W	T	Ü	R	C	T	A	N	N
E	U	H	T	K	Ö	N	I	G
L	P	N	E					
D	R	E	H					
B	Ä	R	Ö					
P	N	A	H					
S	Z	Q	L					
H	Ü	T	E					

Der Buchstabe O

Hier schreibst du das O. Das kleine O sieht ein bisschen anders aus als das große.

Selbstlaut

O O

o o

O o

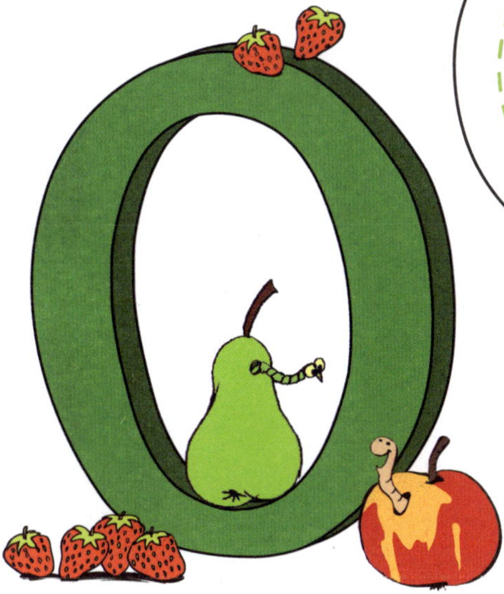

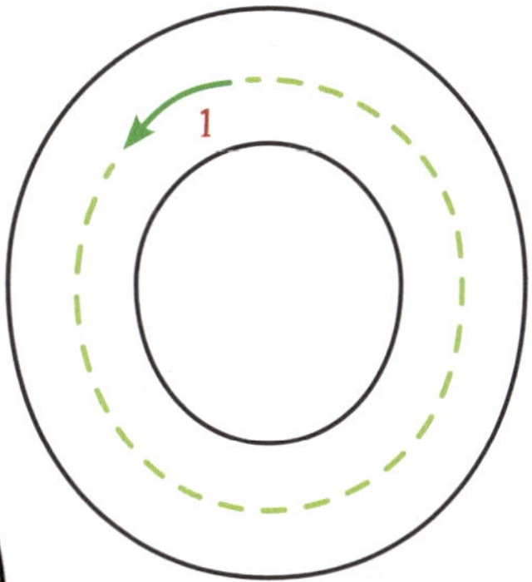

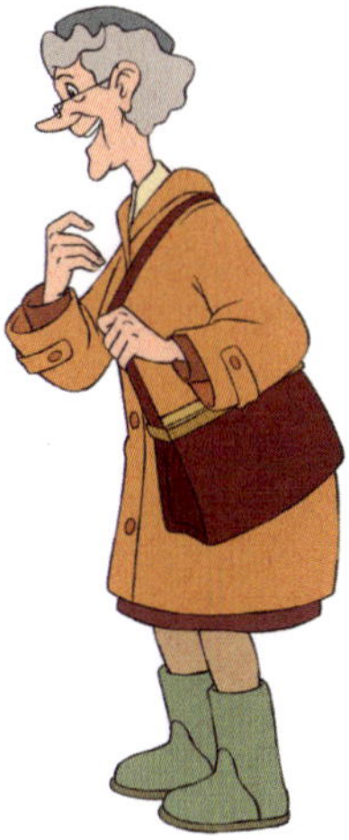

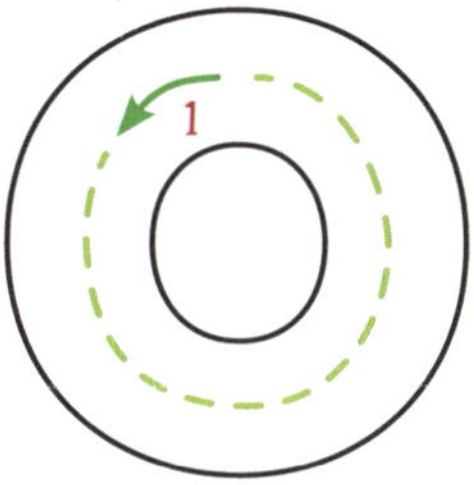

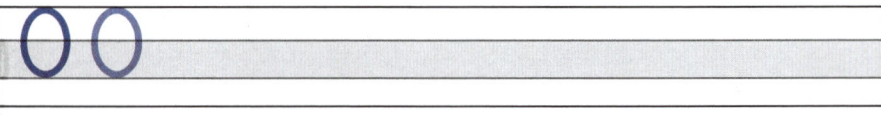

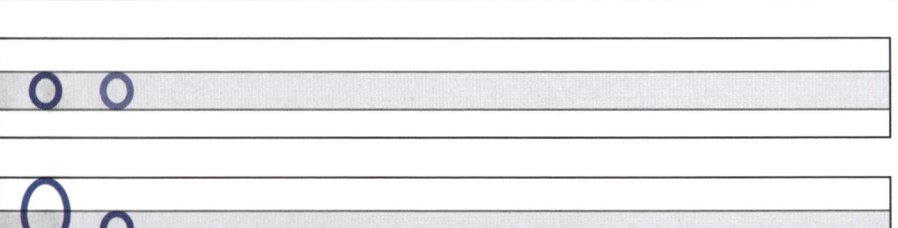

Wo ist das O?

Oho, hier haben sich viele **O** in den Wörtern versteckt. Wo sind sie? Am Wortanfang, in der Mitte oder am Wortende? Schreibe sie an der richtigen Stelle unter das Bild.

Der Buchstabe P

Endlich ist das **P** an der Reihe! Schreibe es ganz oft und mache dem alten Pettersson eine große Freude damit.

B und P

Welche der abgebildeten Gegenstände fangen mit einem **B** und welche mit einem **P** an? Nimm zwei unterschiedliche Farben, um die Sachen zu verbinden.

Bonbonsalat

Das sind viel zu viele **Bonbons** für Findus, Gustavsson und Pettersson. Damit sie kein Bauchweh und keine Zahnschmerzen bekommen, soll jeder nur die Leckereien essen, auf denen der Anfangsbuchstabe seines Namens ist. Ziehe Linien, wer welche Bonbons bekommt.

Zahlenrätsel

Jede Zahl steht für einen **Buchstaben** im Alphabet.
Übersetze die Buchstaben und schreibe die richtigen Wörter.

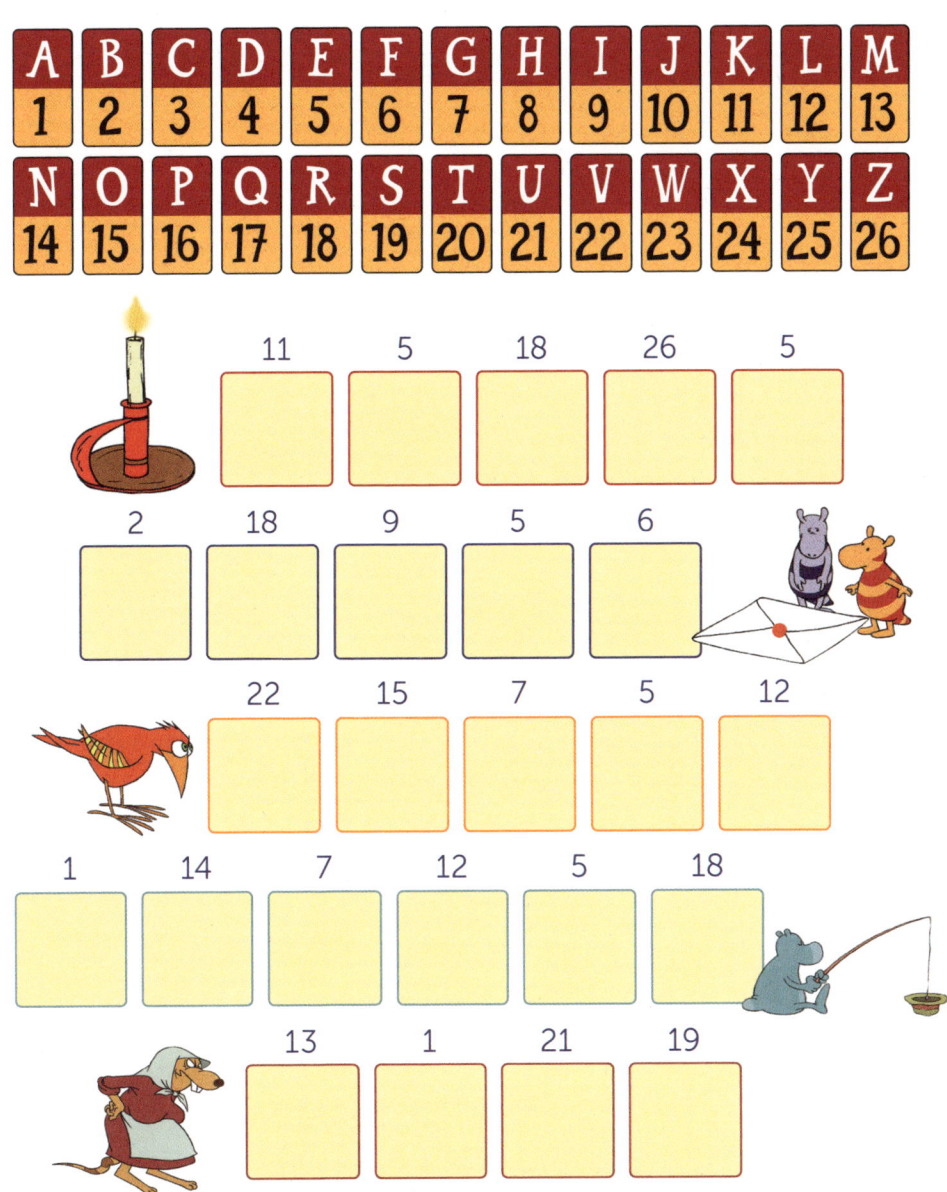

A	B	C	D	E	F	G	H	I	J	K	L	M
1	2	3	4	5	6	7	8	9	10	11	12	13

N	O	P	Q	R	S	T	U	V	W	X	Y	Z
14	15	16	17	18	19	20	21	22	23	24	25	26

11   5   18   26   5

2   18   9   5   6

22   15   7   5   12

1   14   7   12   5   18

13   1   21   19

Der Buchstabe Q

Die Mucklas machen Quatsch, die Hühner
quasseln – hier übst du das große und das kleine **Q**!

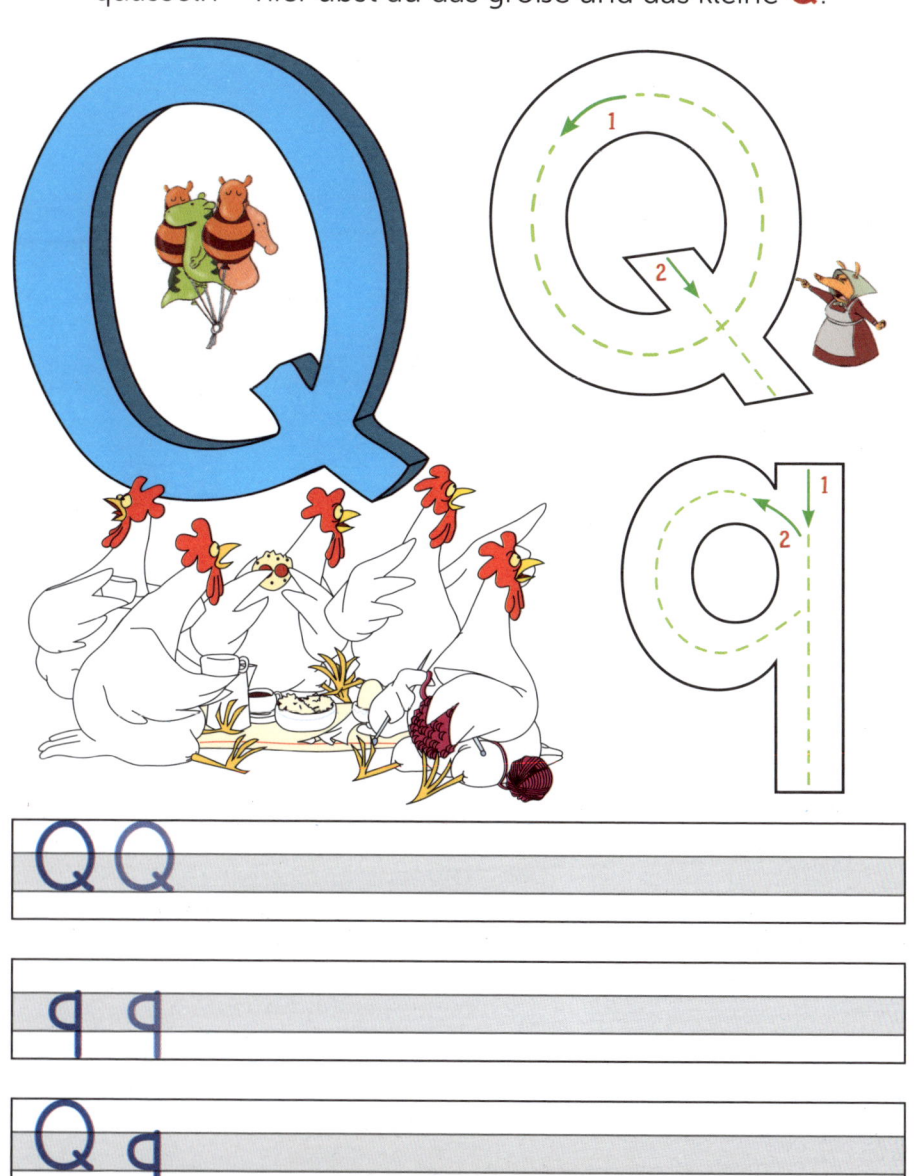

Rundherum mit Quak!

Verbinde die Zahlen und male die **Buchstaben** bunt an.

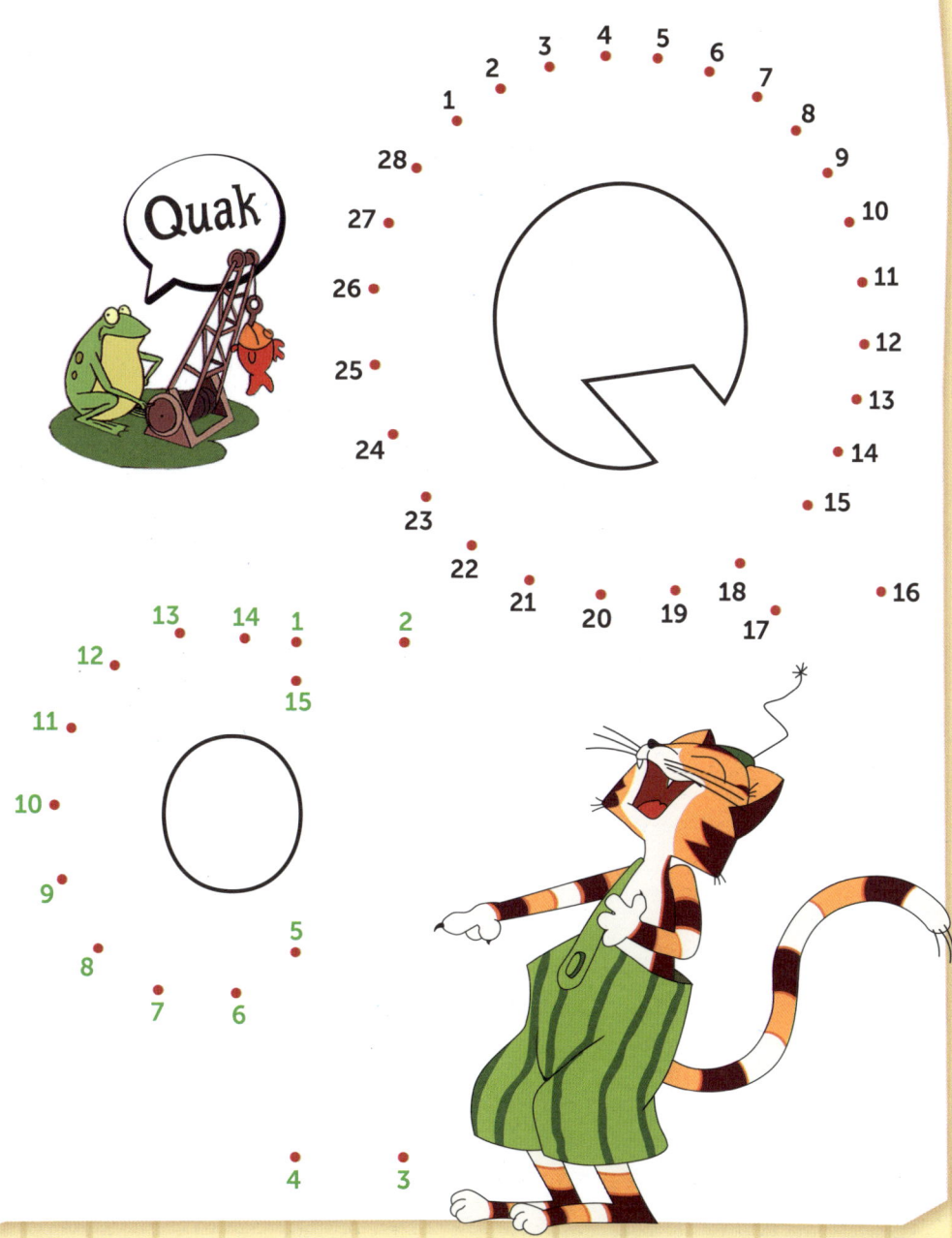

Zu den Sternen

Findus düst durchs All, an 26 Sternen für die **Buchstaben** des Alphabets und an drei Sternen für die Umlaute vorbei. Aber bei vier Sternen sind die Buchstaben verblasst. Schreibe sie auf die fehlenden Sterne und bilde daraus das Lösungswort.

Der Buchstabe R

Das **R** kommt in ganz vielen Wörtern vor.
Hier übst du es.

R R

r r

R r

Buchstabenregen

Auch in Schweden regnet es manchmal.
Zum Glück hat Findus einen Regenschirm.
Finde alle **r** in dem Schauer und kreise sie ein.

Drei Chinesen mit dem Kontrabass

Findus liebt dieses Lied! Singe es und unterstreiche
in den Strophen 2 bis 6 den **Buchstaben**,
der immer wieder vorkommt. Was fällt dir auf?

D · · · · · · A · · · · · · · · ·
Drei Chi-ne-sen mit dem Kon-tra-bass saßen auf der Stra-ße und er-

D · · · · · · D⁷ · · · · ·
zähl-ten sich was. Da kam die Po-li-zei: »Ja was

G · · · A⁷ · · · · D · · · ·
ist denn das?« Drei Chi-ne-sen mit dem Kon-tra-bass!

2. Draa Chanasan mat dam Kantrabass
saßan aaf dar Straßa and arzahltan sach was.
Da kam daa Palazaa: »Ja was ast dann das?«
Draa Chanasan mat dam Kantrabass.

3. Dree Chenesen met dem Kentrebess
seßen eef der Streße end erzehlten sech wes.
De kem dee Pelezee: »Je wes est denn des?«
Dree Chenesen met dem Kentrebess.

4. Drii Chinisin mit dim Kintribiss
sißin iif dir Strißi ind irzihltin sich wis.
Di kim dii Pilizii: »Ji wis ist dinn dis?«
Drii Chinisin mit dim Kintribiss.

5. Droo Chonoson mot dom Kontroboss
soßon oof dor Stroßo ond orzohlton soch wos.
Do kom doo Polozoo: »Jo wos ost donn dos?«
Droo Chonoson mot dom Kontroboss.

6. Druu Chunusun mut dum Kuntrubuss
sußun uuf dur Strußu und urzuhltun such wus.
Du kum duu Puluzuu: »Ju wus ust dunn dus?«
Druu Chunusun mut dum Kuntrubuss.

In dieser **Schlange** aus vielen Buchstaben haben sich
Wörter versteckt. Finde und markiere sie.

KATERTRAFINDUSKYTSCHWEDENOLFPEITERSSONÄRTIUVAUCHSINTHÜHNERPORYHUNDÖLSTUGEMÜSEBEETWLUKFEUERWERKLO

Der Buchstabe S

Suppe, Salz und Schweden: Bestimmt fallen dir viele
Wörter mit **S** ein. Hier kannst du es schreiben.

S S

s s

S s

Spiel mit SCH, ST und SP

Das **S** kommt oft mit einem **CH**, **T** oder **P** in Wörtern vor.
Sprich die Wörter ganz langsam und deutlich aus.
Wo hörst du welche Verbindung?

S_ _NEE

S_INNE

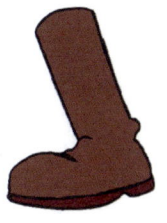

S_IEFEL

S_ _NECKE

S_RUMPF

S_ _METTERLING

S_ECHT

S_ _ÜSSEL

Die Lücken unter den Bildern verraten dir, ob nach dem S nur ein Buchstabe oder zwei Buchstaben kommen.

Buchstabenpaare

Schau dir die **Buchstabenpaare** genau an: Welcher Buchstabe kommt weiter vorn im Alphabet? Kreise ihn ein.

A V

I K

J T

V X

M E

F B

N U

Q H

Der Buchstabe T

Trommelwirbel für das **T**!
Schreibe es groß und klein und ganz oft.

Mond und Sterne

Pettersson und Findus betrachten den **Abendhimmel**, bevor der kleine Kater ins Bett muss. Kannst du Mond und Sterne nachzeichnen und ausmalen?

Stibitzte Buchstaben

Die Mucklas haben **Buchstaben verschwinden** lassen.
Schreibst du sie auf, damit die Wörter wieder vollständig sind?

FIN☐US

 MUCKL☐S

PETTERSS☐N

☐ÜHNER

BLU☐EN

 FIS☐H

Gesucht und gefunden

Findus hat sich **versteckt** und auch Pettersson scheint verschwunden zu sein. Finde die beiden und male sie aus.

Der Buchstabe U

Selbstlaut

Das große und das kleine **U** sehen sich ziemlich ähnlich – aber gleich sind sie nicht. Schreibe die Buchstaben und achte auf die Größe.

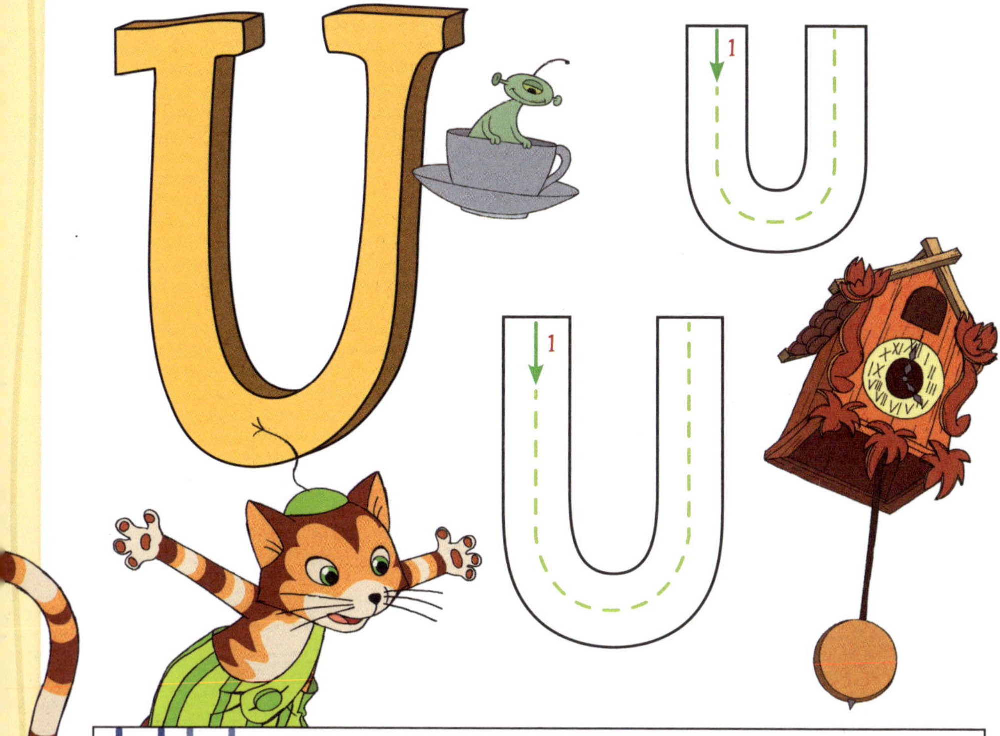

U U

u u

U u

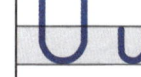

Luftiges U

Uuuuuiiii, hier geht es in die Lüfte! Gib dem Vogel viele kleine **U-Federn**, damit er hoch hinaus fliegen kann.

Bilderpuzzle

Welche der **Ausschnitte** unter dem Bild passen nicht?
Kreuze sie an.

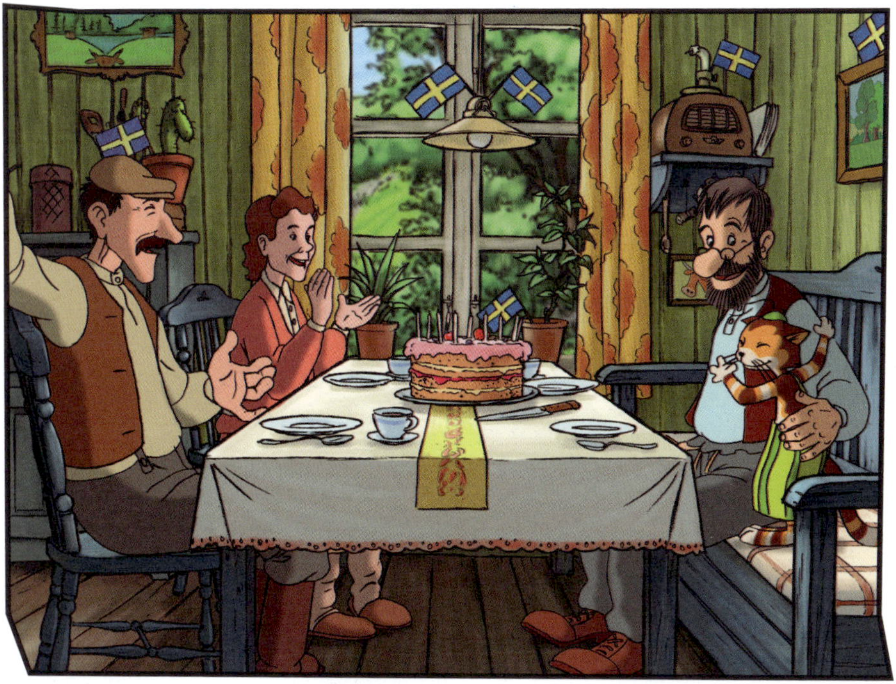

1 2 3 4 5 6

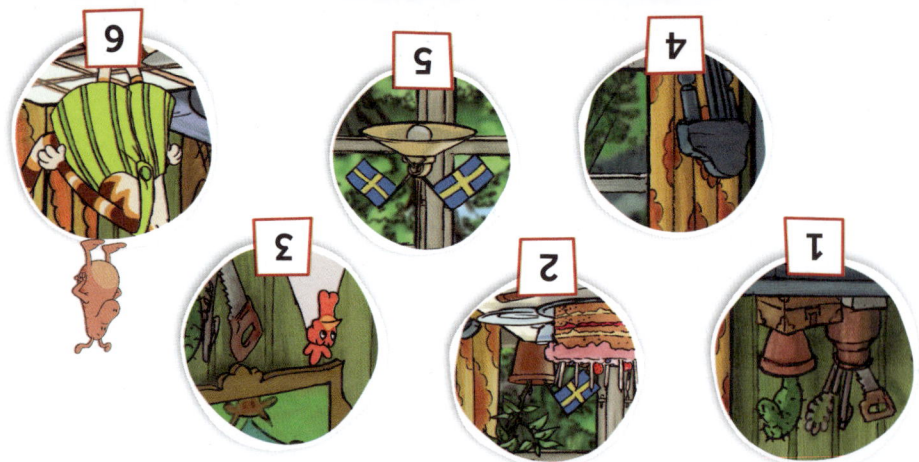

Der Buchstabe V

Hier kannst du den Buchstaben **V** schreiben.
Achte dabei auf die Größe, damit du die kleinen und
großen Buchstaben nicht verwechselst.

Der Buchstabe W

Achte auch beim **W** auf die Größe der kleinen und großen Buchstaben, damit sie nicht verwechselt werden können.

Das W sieht aus wie ein doppeltes V, findest du nicht?

V W

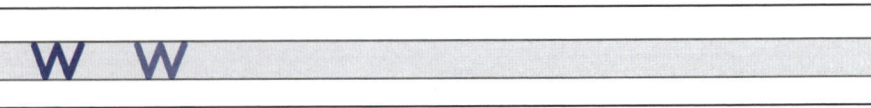

Wirklich alles gleich?

Sieh dir die beiden Bilder genau an und finde die fünf **Unterschiede**. Kreise sie im unteren Bild ein.

Zerschnittene Buchstaben

Die Mucklas haben Quatsch gemacht und mit einer Schere Findus' Buchstabenkarten zerschnitten. **Verbinde** die richtigen Hälften mit einer Linie und setze sie wieder zusammen.

Die Buchstaben X und Y

Es gibt nicht so viele Wörter mit **X** oder **Y**.
Kennst du welche?

Achte beim Schreiben auf die Größe der Großbuchstaben und der Kleinbuchstaben.

Der X-Berg

Der kleine **Bergsteiger-Muckla** will das Gipfelkreuz erreichen und dort seine Fahne hissen. Zeigst du ihm den richtigen Weg?

Anfangsbuchstaben

Mit welchem **Buchstaben** beginnt das Wort?
Kreise den richtigen Buchstaben ein.

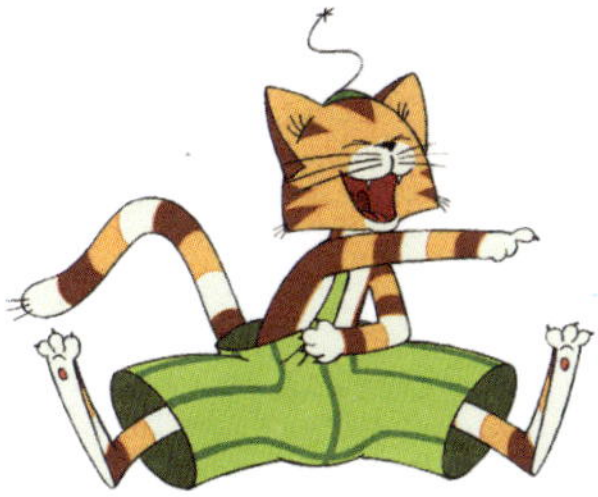

D I N
E K F G

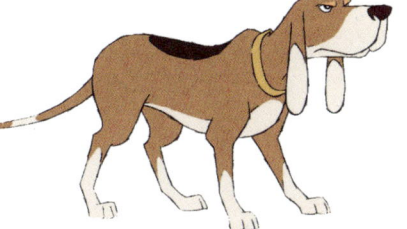

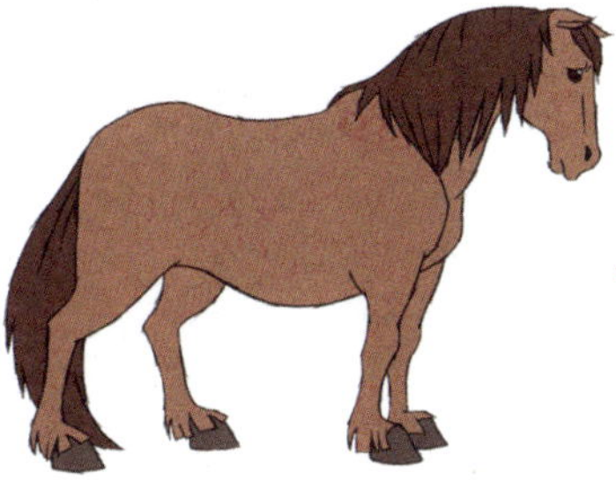

B V C P
F D O

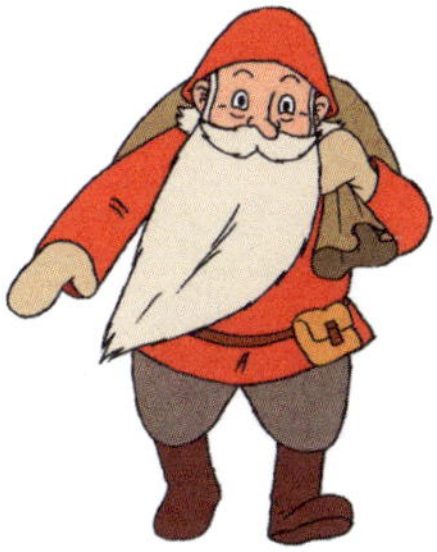

M N V
F H A W

A T U D
H I N

Kater und ...

Folge der gepunkteten Linie und finde heraus, wo das Bild hingehört. Schreibe dann das passende Wort dazu. Die Buchstaben in den hinterlegten Feldern ergeben ein **Lösungswort**.

Lösungswort:

Der Buchstabe Z

Pettersson und Findus sind beim **letzten Buchstaben** des Alphabets angekommen. Übe, ihn zu schreiben – danach hast du alle 26 Buchstaben gelernt!

Petterssons Haus

Alle Buchstaben wohnen jetzt in **Petterssons Haus**.
Welche fehlen hier? Ergänze sie.

Kunterbunte Buchstaben

Die Buchstaben hier sind ganz schön blass.
Male sie richtig **bunt** an. Viel Spaß beim Schreiben und
Malen wünschen dir Pettersson und Findus!

Lösungen

Aus der Reihe getanzt

Reihe 1: Schinken
Reihe 2: Paket
Reihe 3: Fernglas
Reihe 4: Mutter

Wirklich alles gleich?

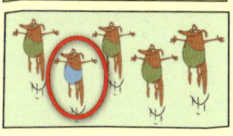

A wie Anfang

Apfel, Angel, Auto

Buchstabensalat

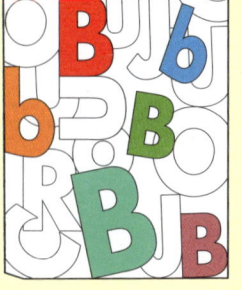

So viel Obst

Erdbeere, Birne, Apfel, Banane, Pflaume

An der Angel

Wortsalat

Blumentopf, Erdbeertorte, Taschentuch, Wurstsalat, Sternbild, Schneckenhaus, Federball, Strumpfhose

Verstecktes D

Drachen, Deckel, Pferd, Findus, Hund

Petterssons Garten

Kleine Reime

Tasche – Flasche, Haus – Maus,
Hund – Mund, Tatze – Katze,
Fisch – Tisch, Knopf – Topf,
Kanne – Pfanne

Kaffeeklatsch

Der Einkaufszettel

Mehl, Butter, Zucker, Eier, Salz,
Erdbeeren, Himbeeren, Sahne

Wirklich alles gleich?

Suche mit F

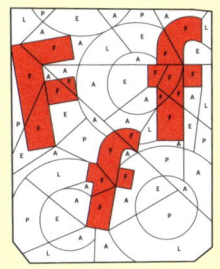

Der richtige Anfang

Gustavssons Labyrinth

Der Hund heißt Harpo.

Frau Anderssons Gitterrätsel

Lösungswort: LAMPE

Ein Ei, zwei Eier...

Im Wind

Lösungswort: DRACHEN

Findus' Geheimsprache

KATER FINDUS MAG TORTE.

Finde das I

A y K ⓘ v O Ⓘ t q

L Ⓘ m g H Y P ü ⓘ

Q P h j L Ⓘ w Z s

M a s Ⓘ P u y K r

v e R T ⓘ q ⓘ L A

s G J o p z Q K f

F r E Ⓘ j W P L c

P g H u k ⓘ Z e d

Silben klatschen

Silben schwingen

Ba, Be, Bi?

Bi, Bo, Fu, Ele, Kä, Ap, Blu, Kä, Sa, Vo

T oder D?

Drachen, Tasche, Tiger, Topf,
Dachs, Tomate, Deckel, Tasse,
Torte, Findus, Tisch, Tinte, Hund,
Tuba, Hut, Tannen

Anlauträtsel

Lösungswort: FREUNDE

Das Hühnerrennen

Das rechte Huhn belegt den 1. Platz.

Findus' Sudoku

Ä, Ö oder Ü?

BLÜTE, KÄFER, MÖHRE,
HÜHNER, KÄSE, SCHÜSSEL

Wortgitter

LÖFFEL, LÖWE,
KÄSE, HÜHNER,
TÜR, KÖNIG,
BÄR, HÖHLE,
HÜTE

Wo ist das O?

Knopf, Orange, Torte, Obst,
Tomate, Auto, Topf, Ohr, Radio

B und P

Pferd, Boot, Blatt, Brot, Pilz, Blume,
Pettersson, Baum

Bonbonsalat

Zahlenrätsel

KERZE, BRIEF, VOGEL, ANGLER, MAUS

Zu den Sternen

Lösungswort: MOND

Buchstabenregen

Drei Chinesen mit dem Kontrabass

2. Strophe: »a« als einziger Vokal
3. Strophe: »e« als einziger Vokal
4. Strophe: »i« als einziger Vokal
5. Strophe: »o« als einziger Vokal
6. Strophe: »u« als einziger Vokal

Wörterschlange

KATER, FINDUS, SCHWEDEN, PETTERSSON, FUCHS, HÜHNER, HUND, GEMÜSEBEET, FEUERWERK

Spiel mit SCH, ST und SP

SCHNEE, SPINNE, STIEFEL, SCHNECKE, STRUMPF, SCHMETTERLING, SPECHT, SCHÜSSEL

Buchstabenpaare

Stibitzte Buchstaben

FINDUS, MUCKLAS, PETTERSSON, HÜHNER, BLUMEN, FISCH

Gesucht und gefunden

Bilderpuzzle

Ausschnitt 1, 3, 4 und 6 passen nicht ins Bild.

Wirklich alles gleich?

Zerschnittene Buchstaben

Der X-Berg

Anfangsbuchstaben

FINDUS, **P**FERD,
WEIHNACHTSMANN, **H**UND

Kater und ...

Lösungswort: KATZE

V O G E L
B L A T T
T O R T E
W O L K E
K N O P F
K E R Z E

Petterssons Haus

Bildquellen

Illustrationen:

© 2023 Edel Music & Entertainment GmbH, Neumühlen 17, Hamburg,
Happy Life Animation AB, A. Film A/S. All rights reserved.
Lizenz durch Edel Music & Entertainment GmbH, Hamburg
www.edel.com

Außer: © Shutterstock.com: Petr Bukal (Das Hühnerrennen, Labyrinth)
© iStock.com: ratselmeister (Der X-Berg, Labyrinth)

Impressum

KARIBU – Ein Verlag der Edel Verlagsgruppe

Mit freundlicher Genehmigung von Sven Nordqvist

Copyright © 2023 Edel Verlagsgruppe GmbH, Kaiserstraße 14a, 80801 München
Lizenz durch Edel Music & Entertainment GmbH, Hamburg
www.edel.com

3. Auflage 2023

Projektkoordination, Text und Lektorat:
Steffi Korda, Büro für Kinder- & Erwachsenenliteratur, Hamburg
Layout und Umschlaggestaltung: Antje Warnecke, nordendesign.de
Druck und Bindung: Lanarepro, I-Lana

ISBN: 978-3-96129-194-6

www.karibubuecher.de